So wird es gemacht:

Öffne das mini LÜK-Kontrollgerät und lege die Plättchen in den unbedruckten Deckel.

Jetzt kannst du auf den Plättchen und im Kontrollgerät die Zahlen 1 bis 12 sehen.

Beispiel: Seite 2

Große, kleine und mittelgroße Früchte

Nimm ein Plättchen - z.B. das Plättchen 7 und sieh dir die Aufgabe Nr. 7 an.
Suche nun auf der rechten Seite die gleiche Frucht.
Du findest die Antwort, indem du die Bilder genau betrachtest.
Die richtige Frucht ist im Kasten Nr. 10.
Die 10 ist auch die Feldzahl, auf die du das Plättchen legst.
Lege also das Plättchen 7 auf das Feld 10 im Kontrollgerät.
Die Zahl **7** soll nach oben zeigen.

1	2	3	4	5	6
7	8	9	10	11	12

So arbeitest du weiter, bis alle 12 Plättchen im Kontrollgerät liegen. Schließe dann das Gerät und lege es herum. Öffne es von der Rückseite!

Wenn du das bei der Übungsreihe abgebildete Muster siehst, hast du alle Aufgaben richtig gelöst. Passen einige Plättchen nicht in das Muster, dann hast du dort Fehler gemacht. Wende diese Plättchen dort, wo sie liegen, um, schließe das Gerät, lege es herum und öffne es wieder.
Nun kannst du sehen, welche Aufgaben du falsch gelöst hast.
Nimm jetzt diese Plättchen heraus und suche die richtigen Ergebnisse! Kontrolliere dann noch einmal! Stimmt jetzt das Muster?

Und nun viel Spaß!

Große, kleine und mittelgroße Früchte

Welche Früchte sind genau gleich?

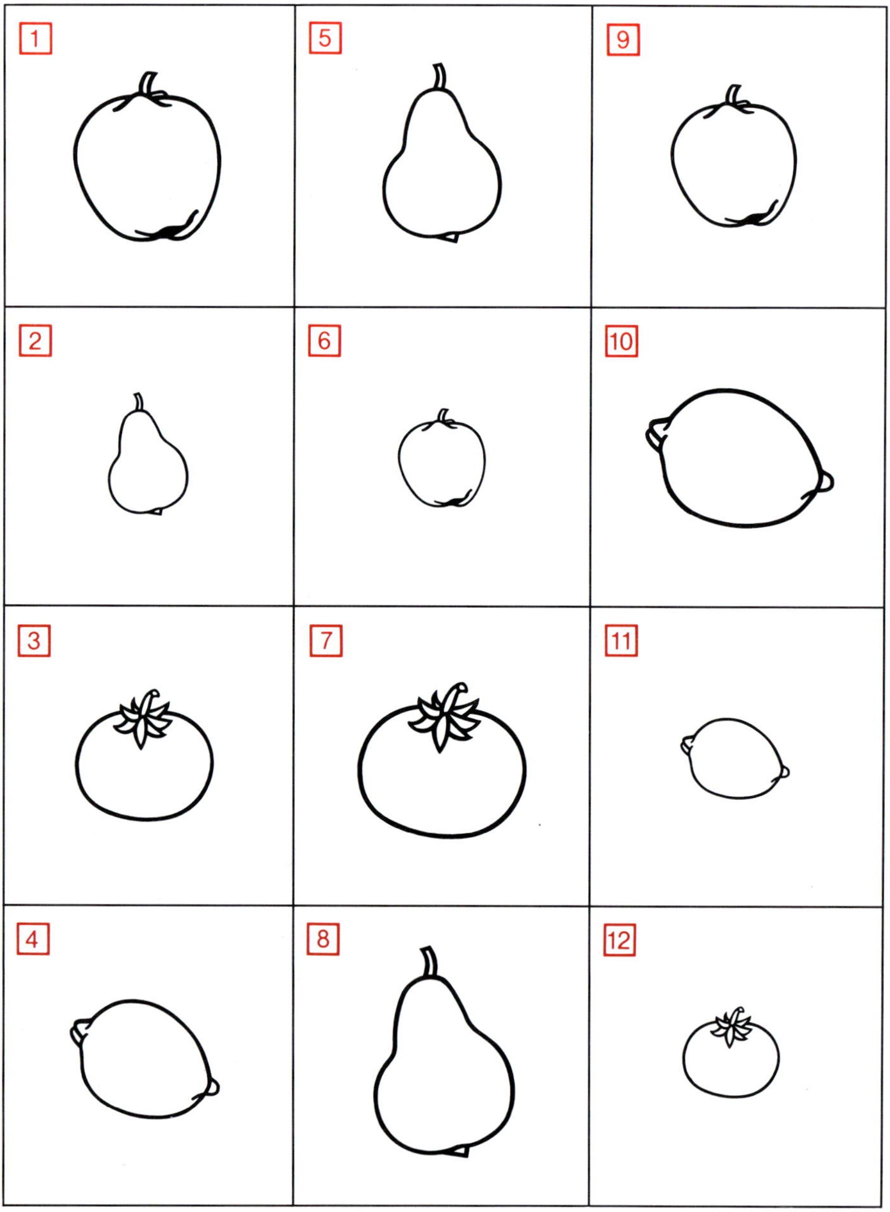

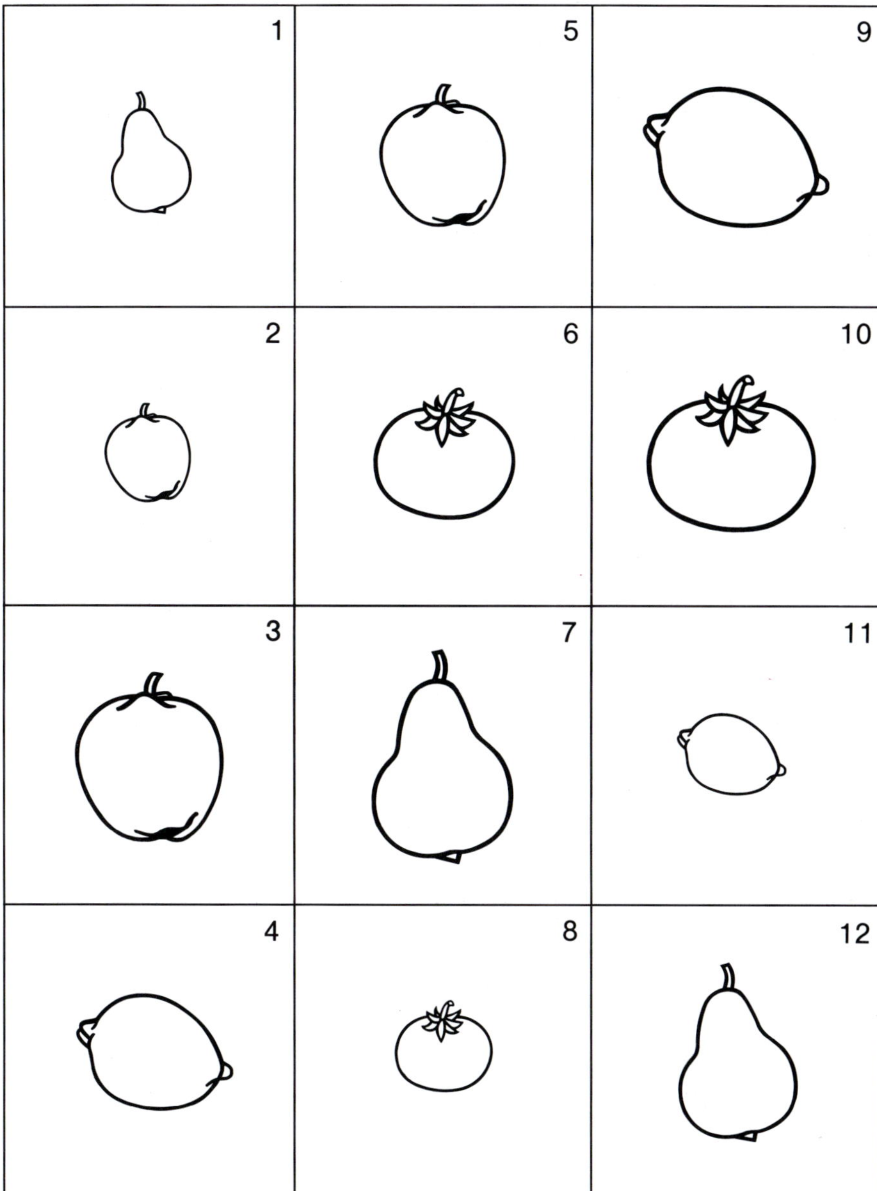
1
5
9
2
6
10
3
7
11
4
8
12

Spiegelbildliche Paare

Suche das passende Teil!

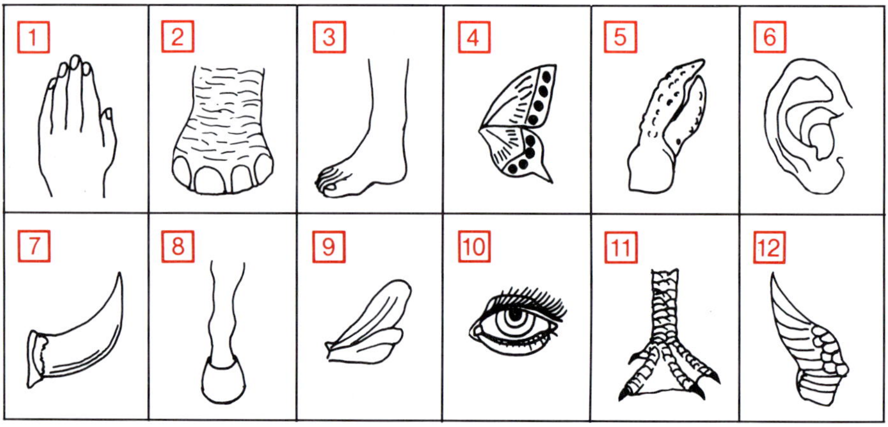

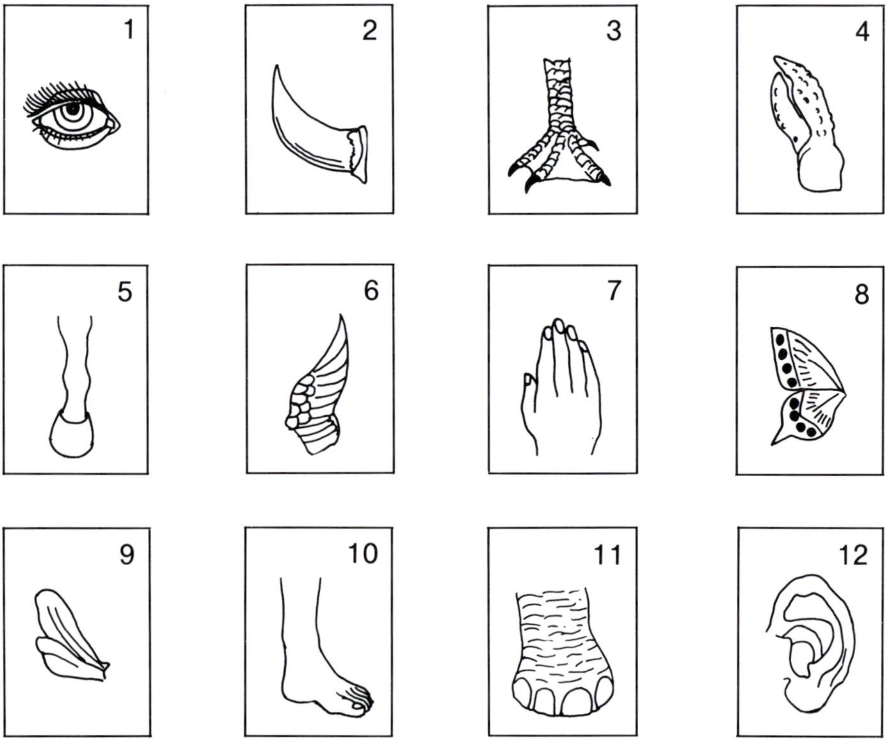

Kreise und Quadrate in verschiedenen Größen

Suche die gleichen Figuren!

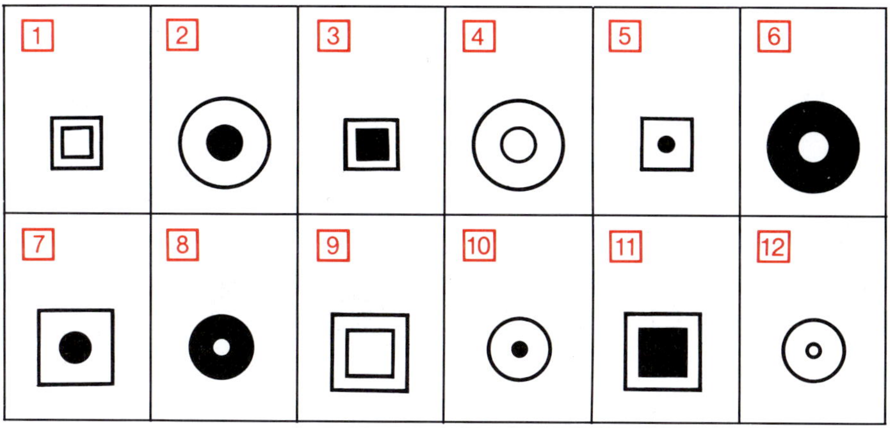

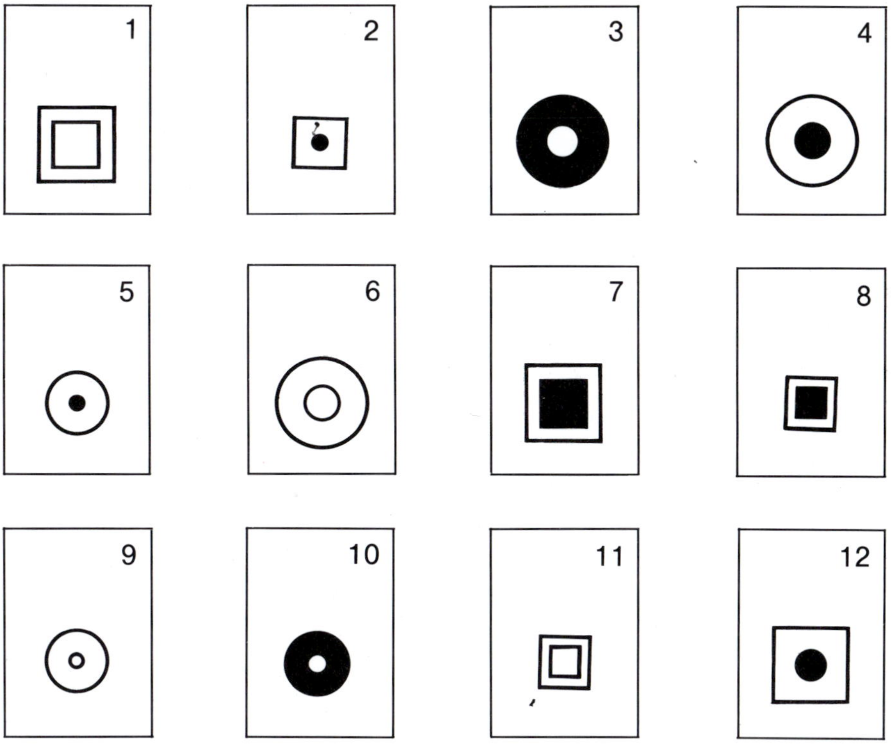

Blattumrisse

Finde das gleiche Blatt!

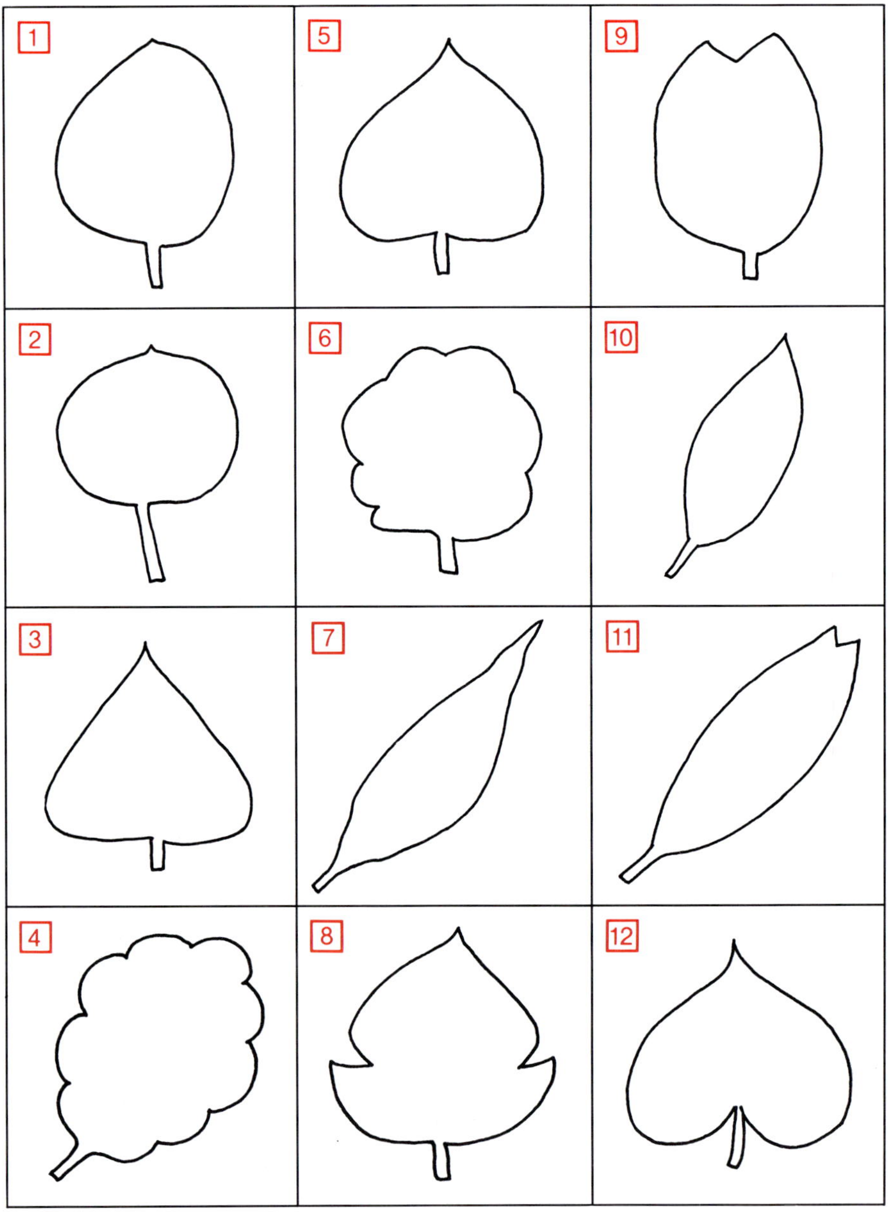

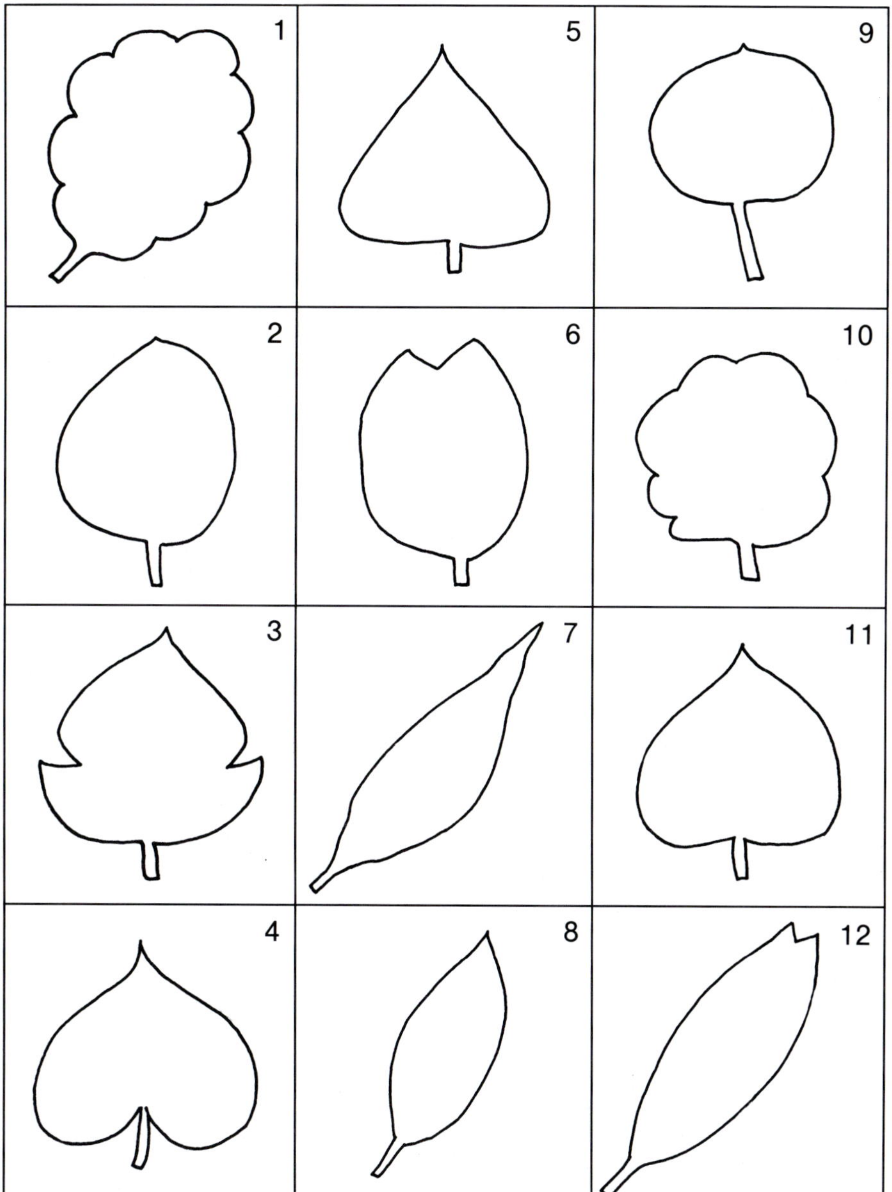
1
5
9
2
6
10
3
7
11
4
8
12

Spiegelbilder

Suche das passende Spiegelbild!

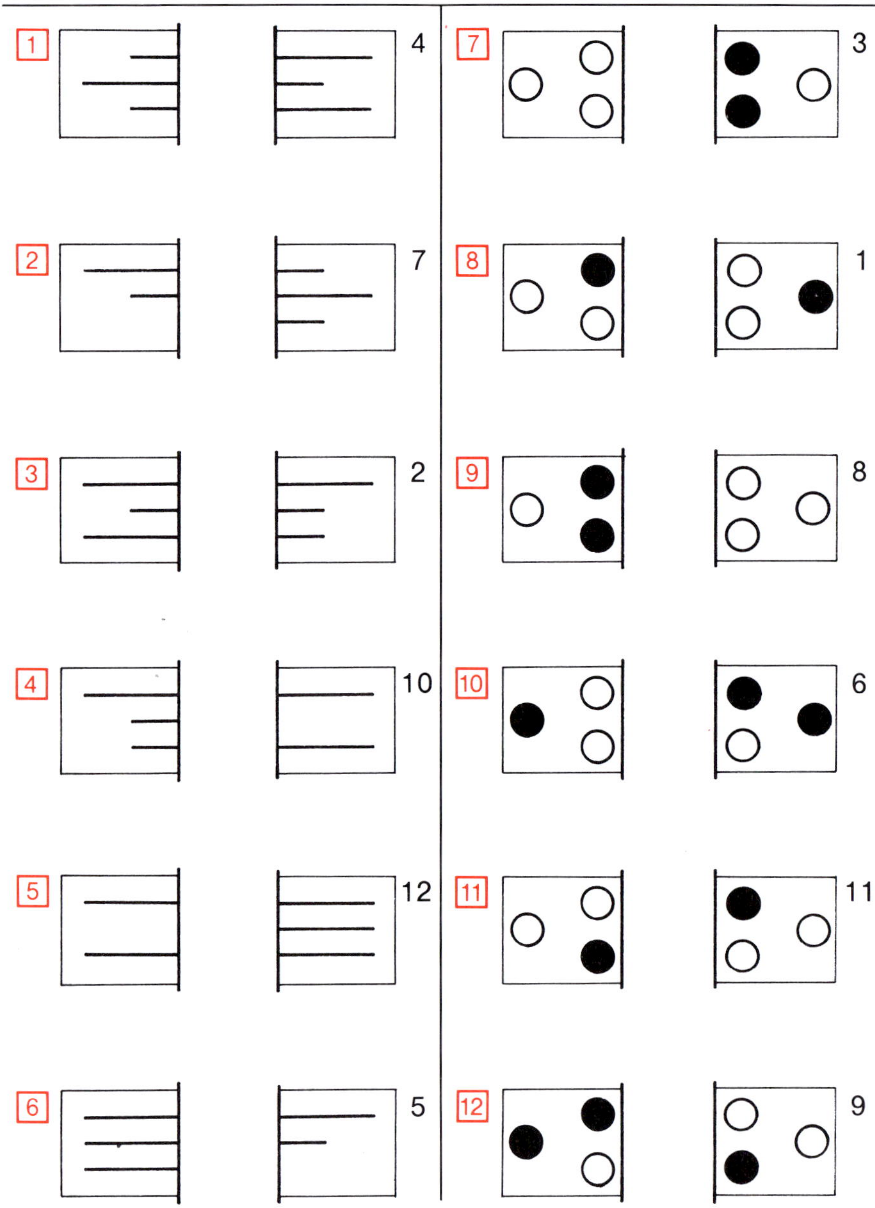

Große, kleine und mittelgroße Zeichen

Welche Zeichen sind genau gleich?

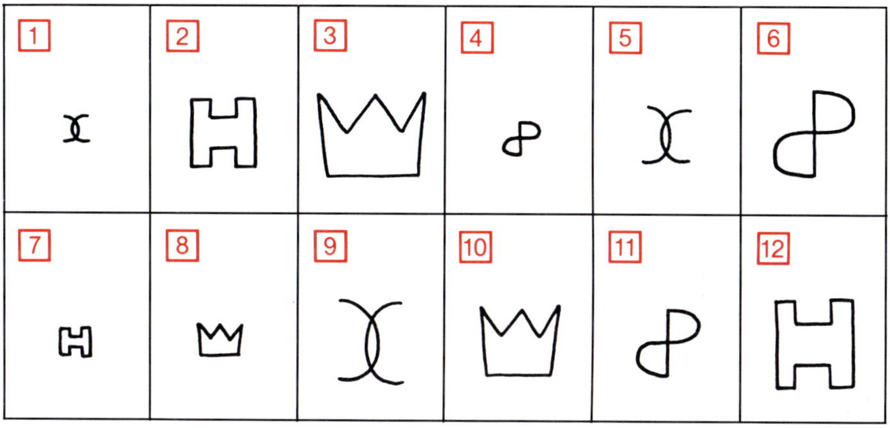

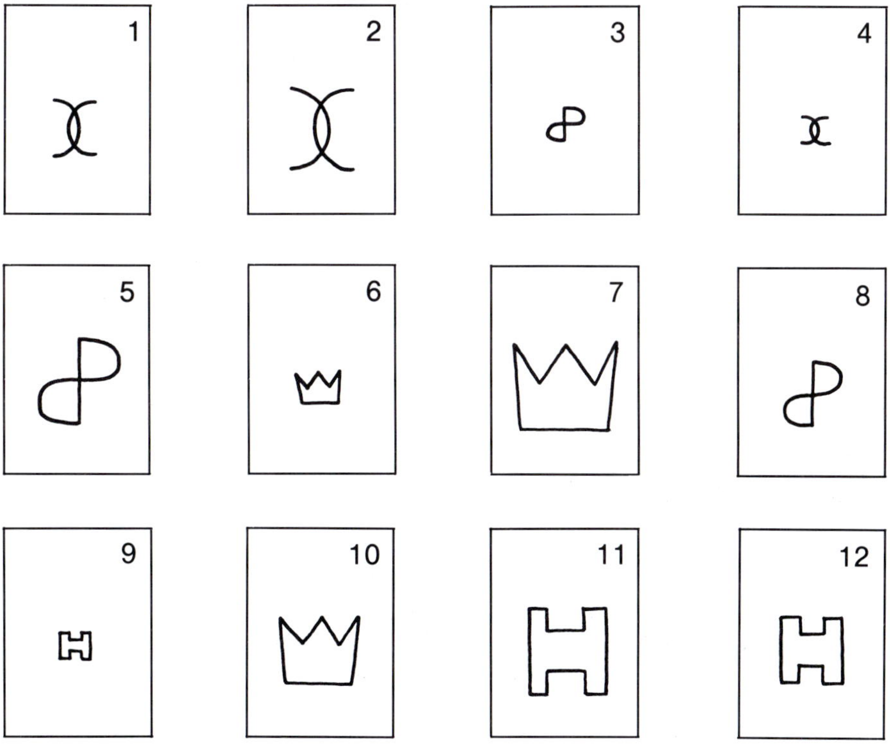

Verschiedene Räder

Suche die gleichen Räder!

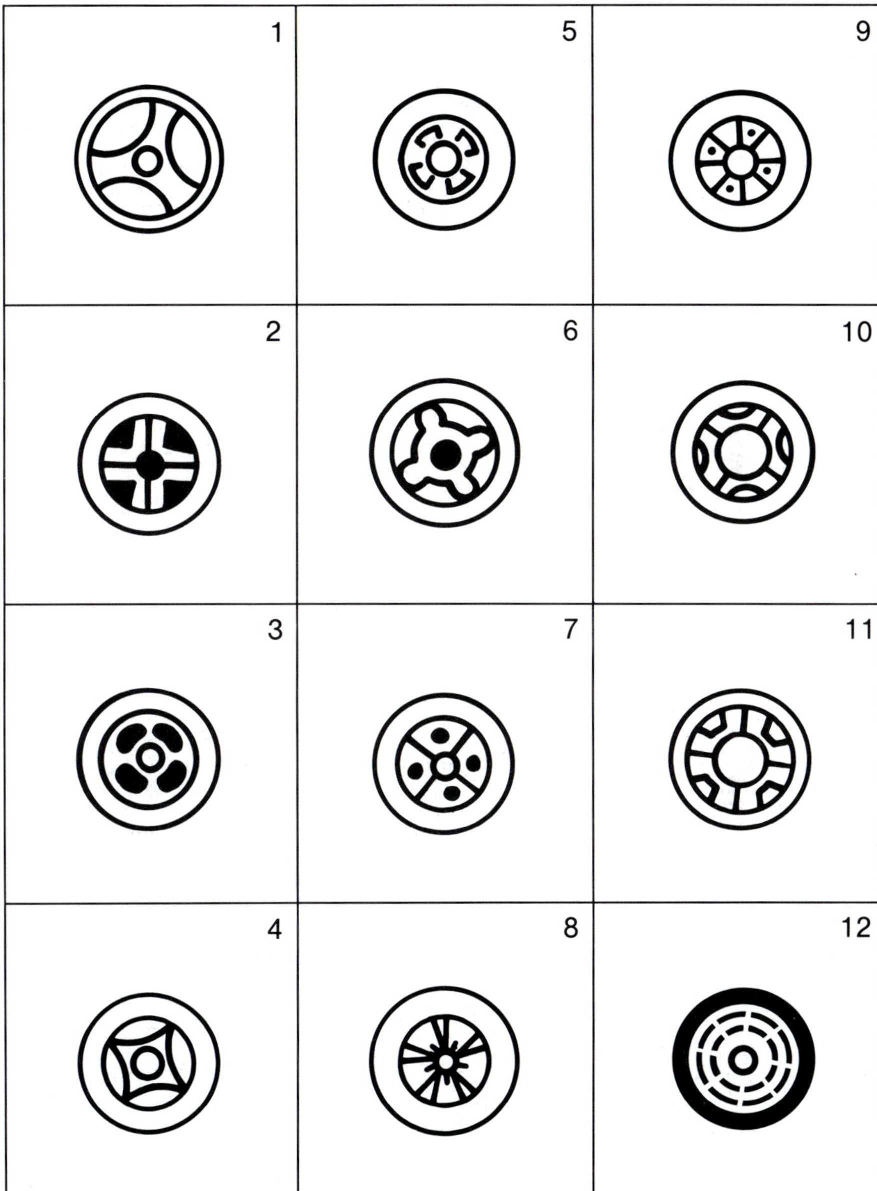
1
5
9
2
6
10
3
7
11
4
8
12

Türme mit verschiedenen Fenstern

Finde den gleichen Turm!

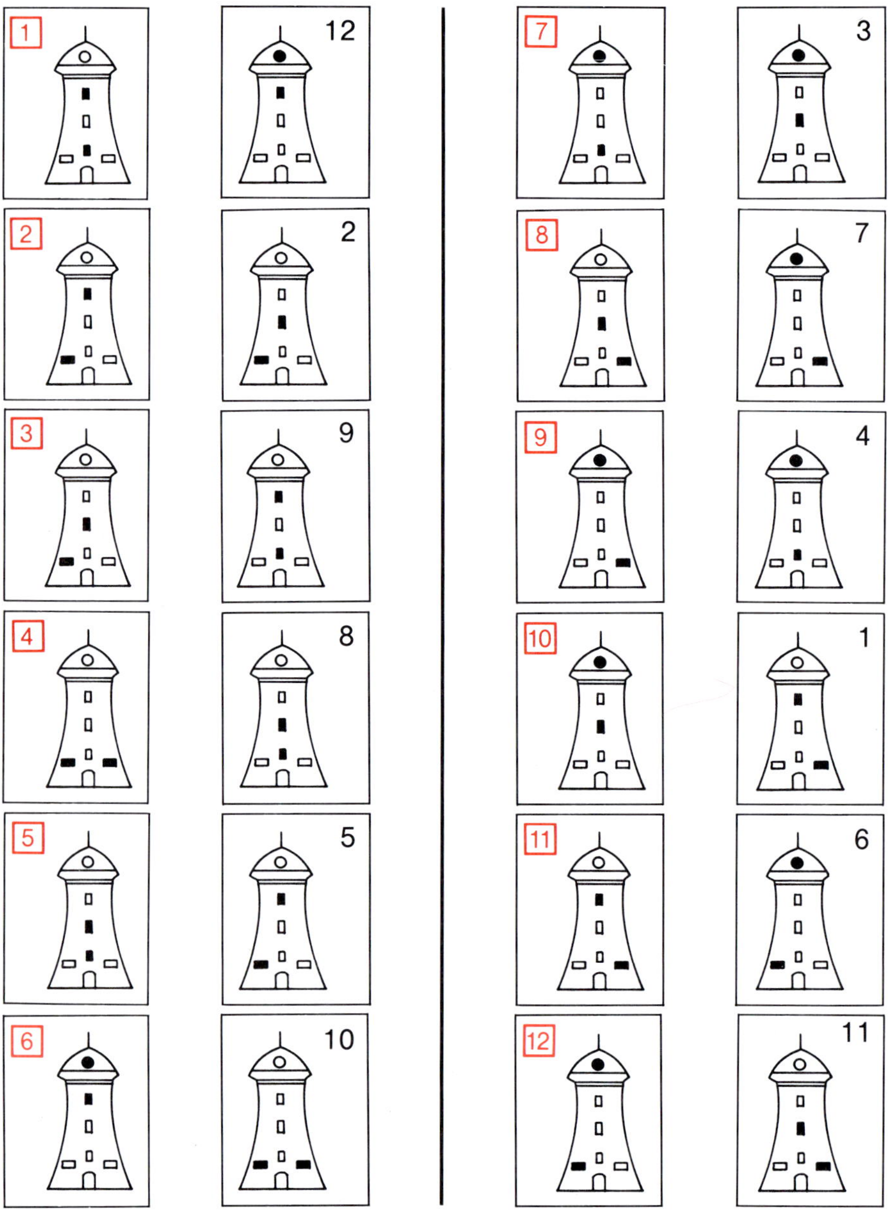

Einzelteile

In welchem Bild ist das Einzelteil enthalten?

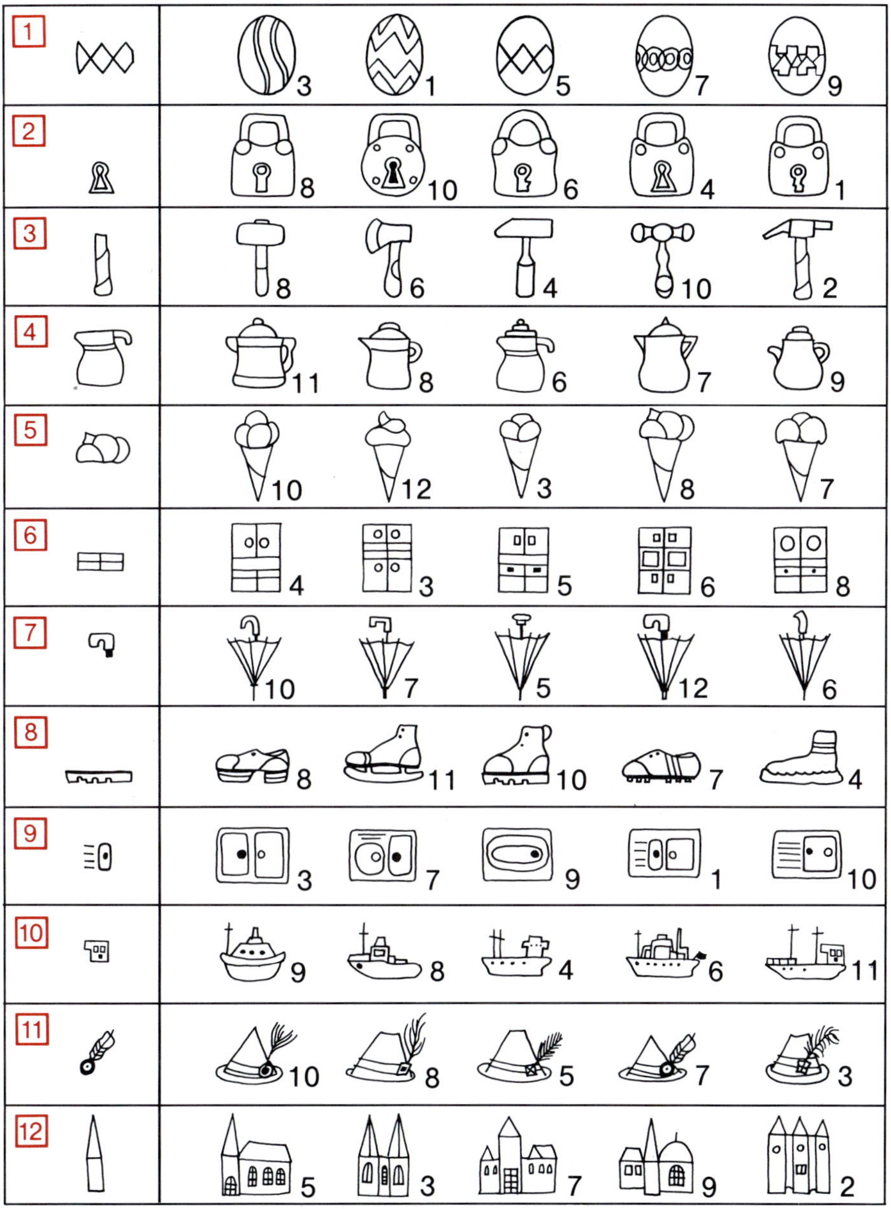

Schmetterlinge mit ähnlichen Mustern

Gesucht: gleiche Schmetterlinge!

1
5
9
2
6
10
3
7
11
4
8
12

Kreise und Quadrate mit Punkten

Welche Figuren sind genau gleich?
Beachte die Lage des Punktes!

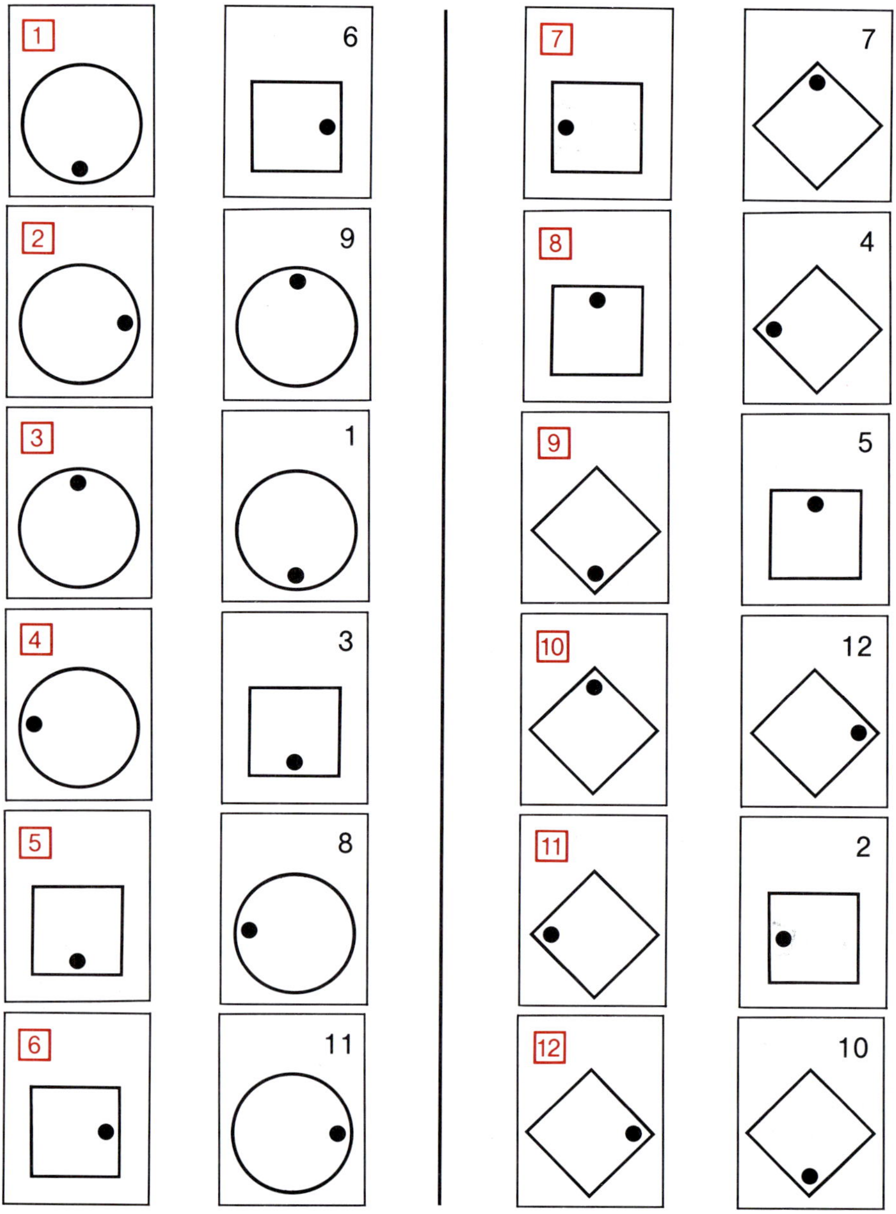

Zeichen, die nach oben oder unten zeigen

Suche das gleiche Zeichen!

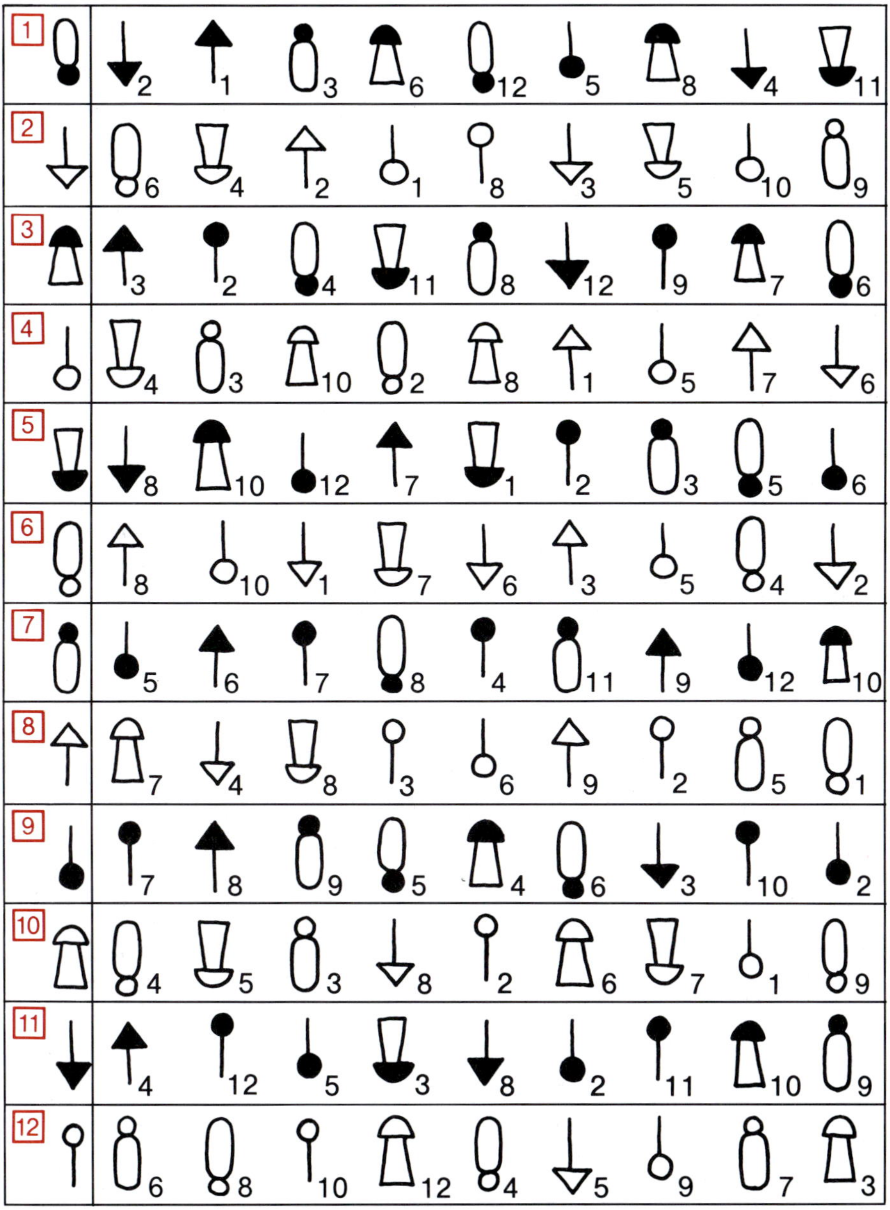

Figuren aus verschieden großen Kreisen

Finde die gleiche Kreisfigur! Achte auf die Lage der Kreise!

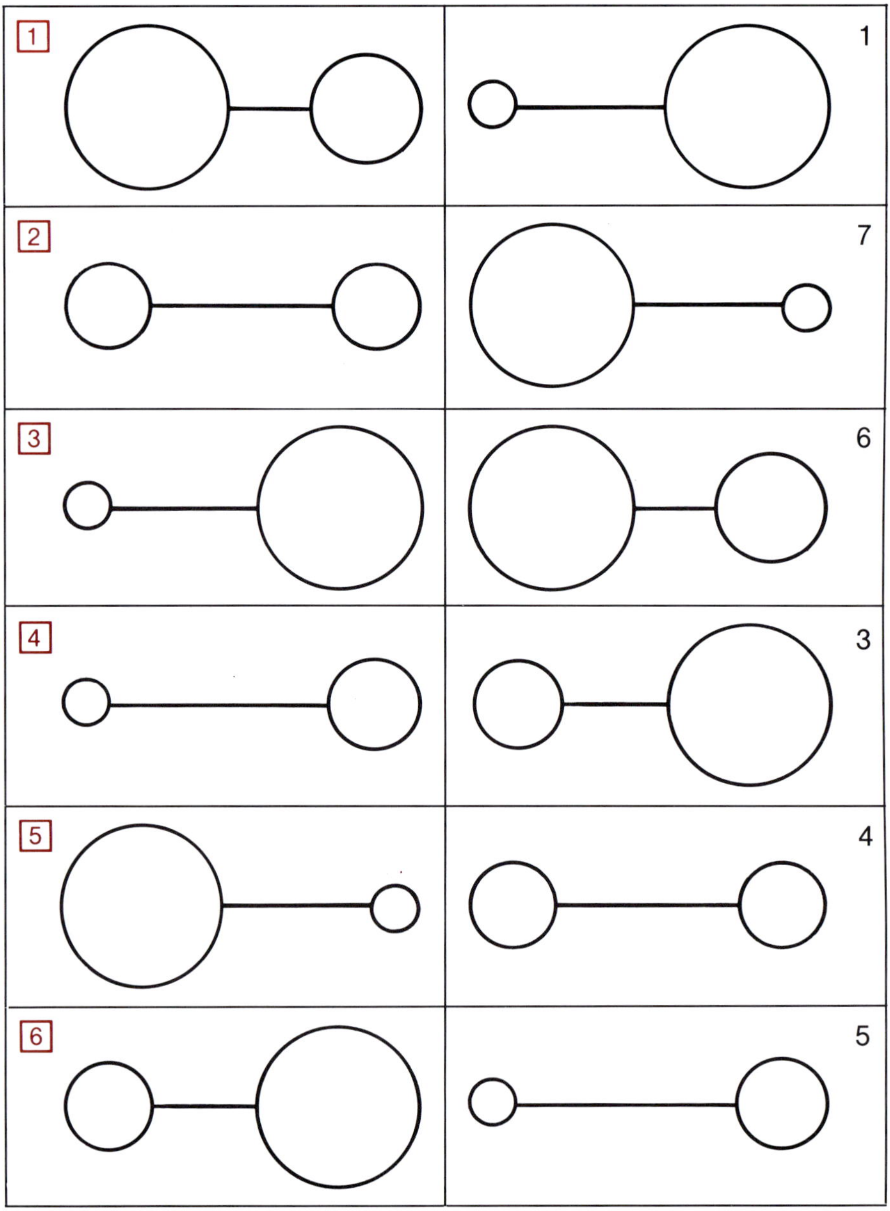

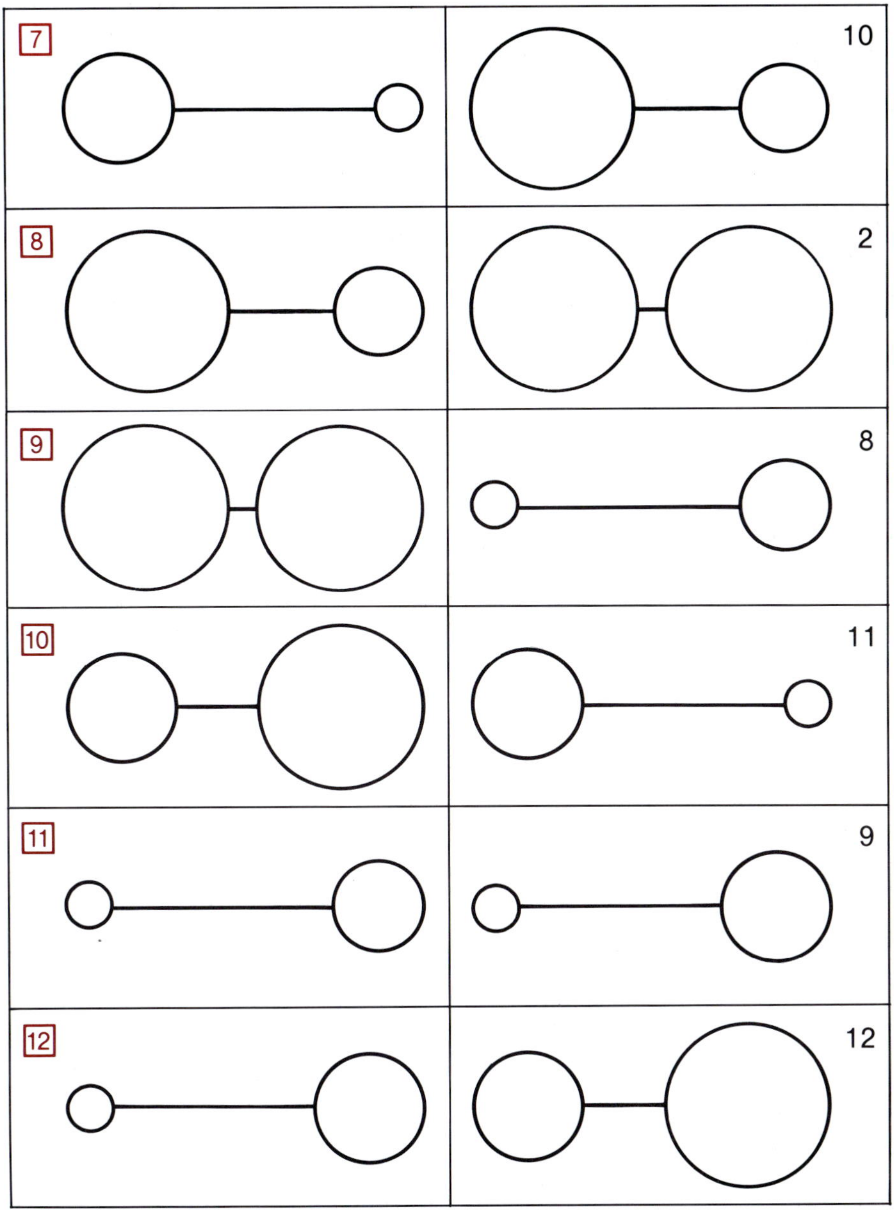
7
10
8
2
9
8
10
11
11
9
12
12

Geschirr mit ähnlichem Muster

Suche die gleichen Behälter!

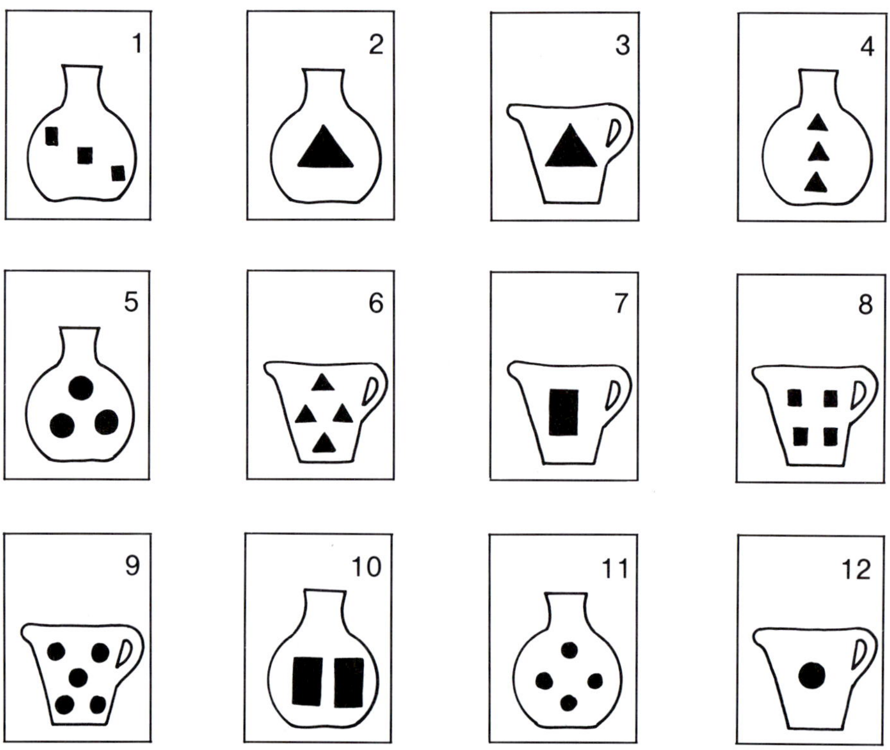

Verschiedene Kreisabschnitte

Gesucht: Kreise mit gleichen Abschnitten!

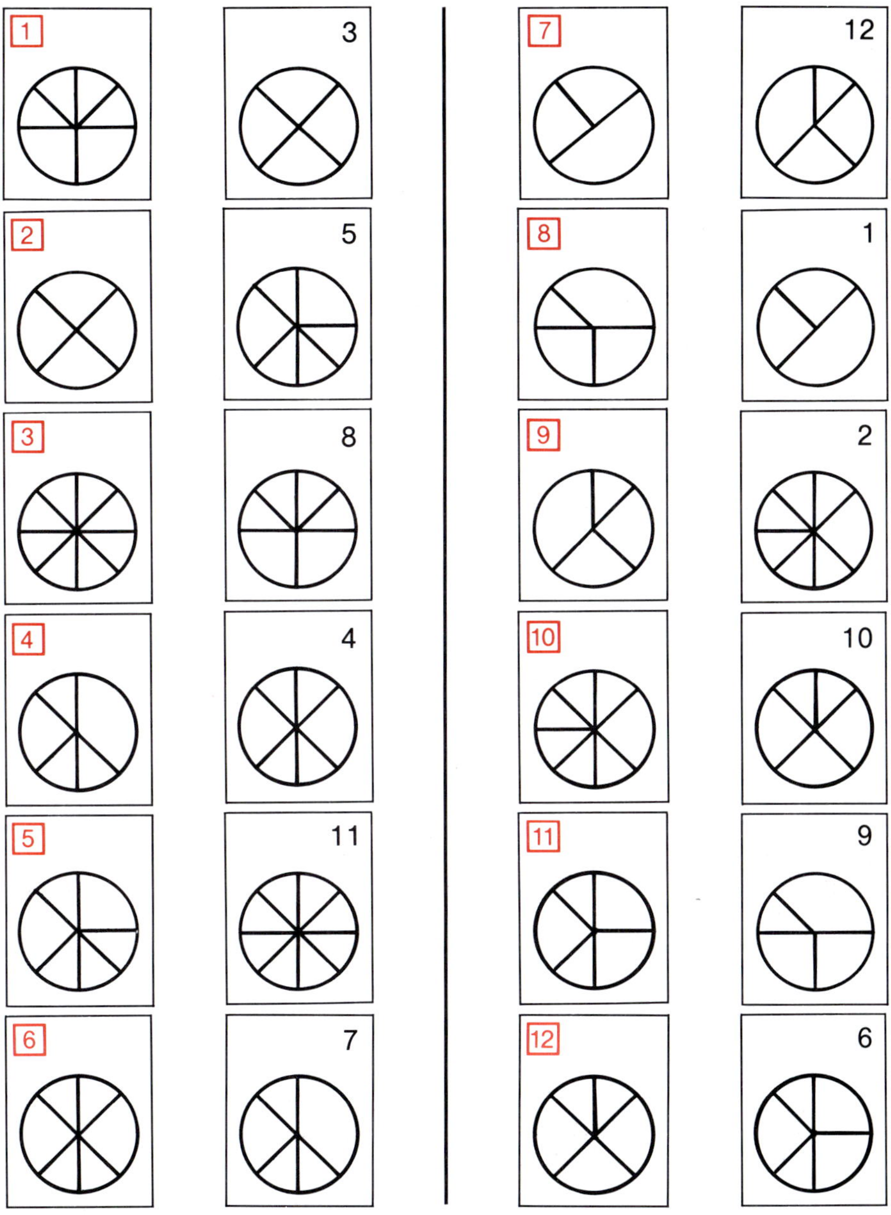

Ordnen nach Form und Muster: Taschen

Welche Tasche gehört in welches Feld? Wir helfen dir bei der ersten Aufgabe.

1

2

3

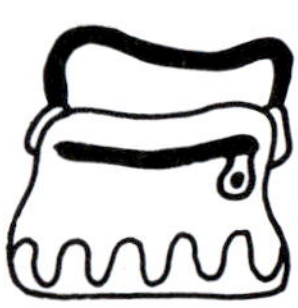

4

5

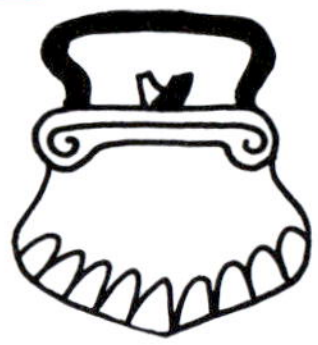

6

7

8

9

10

11

12

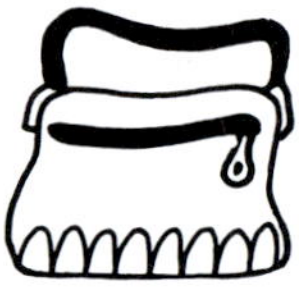

	10	7	6
	4	8	11
	9	3	2
	12	1	5 

Ähnliche Zeichen

Suche die gleichen Zeichen!

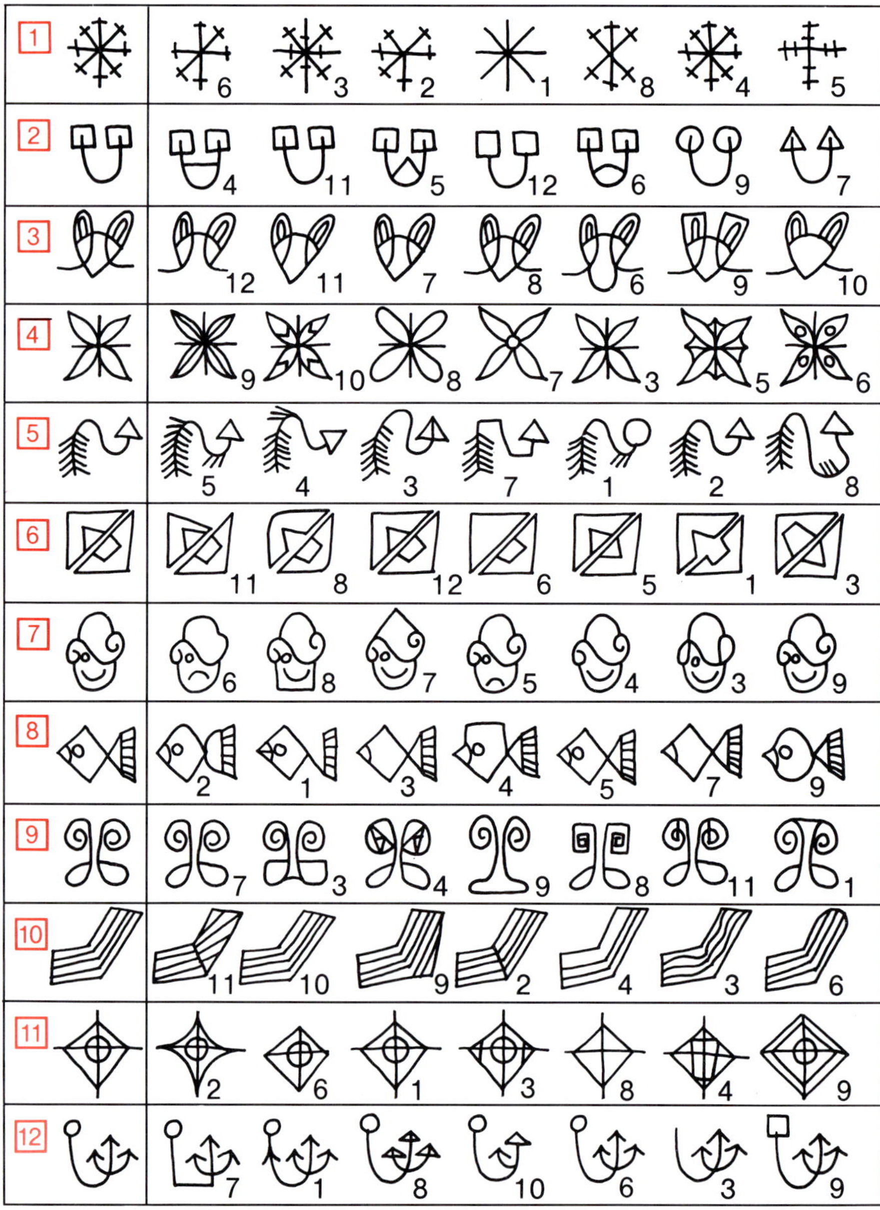

Nochmals: Ähnliche Zeichen

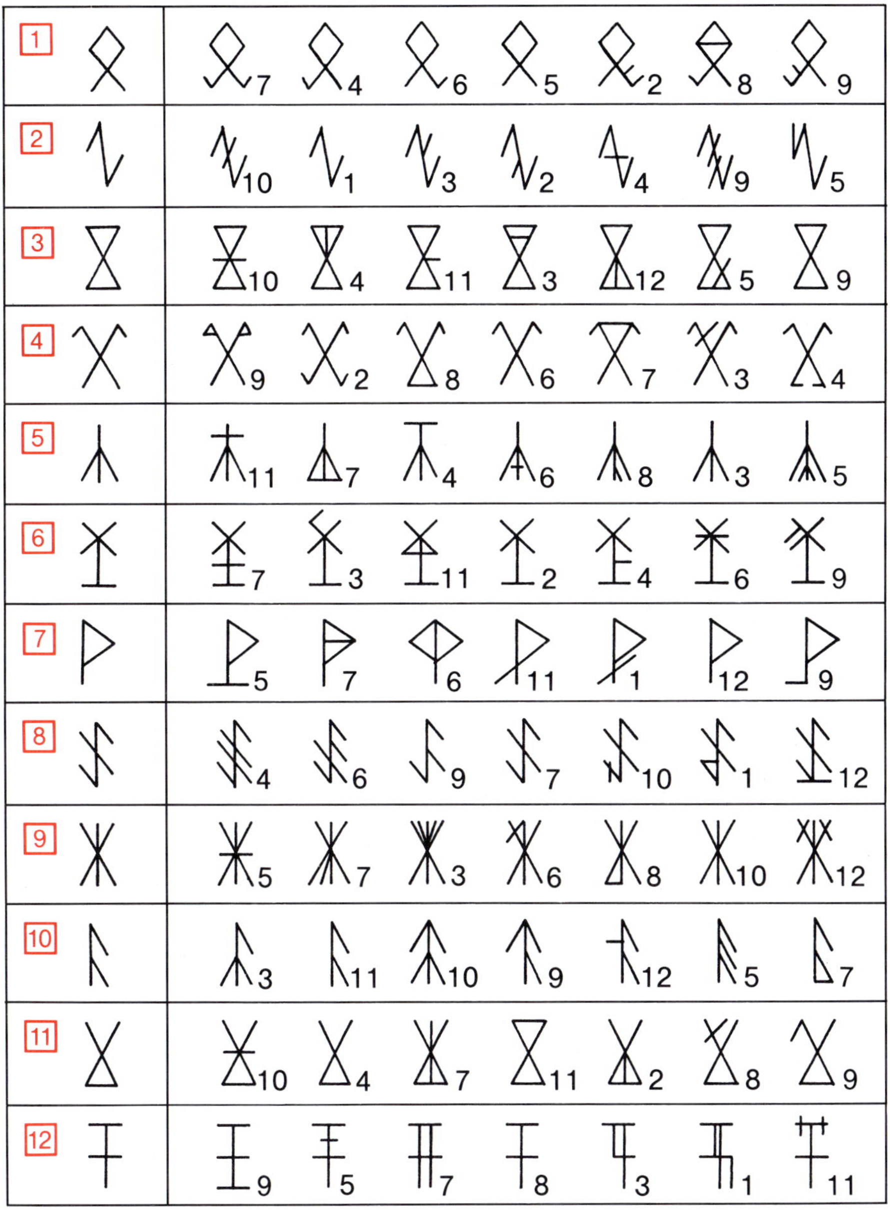

Ordnen nach Muster und Form: Geschirr

Was gehört in welches Feld?

	3	6	4
	8	10	12
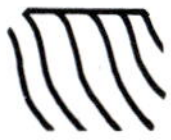	7	2	1
	9	11	5

Gleiche Formen in verschiedener Lage

Die gleichen Figuren in gleicher Lage sollen gesucht werden.

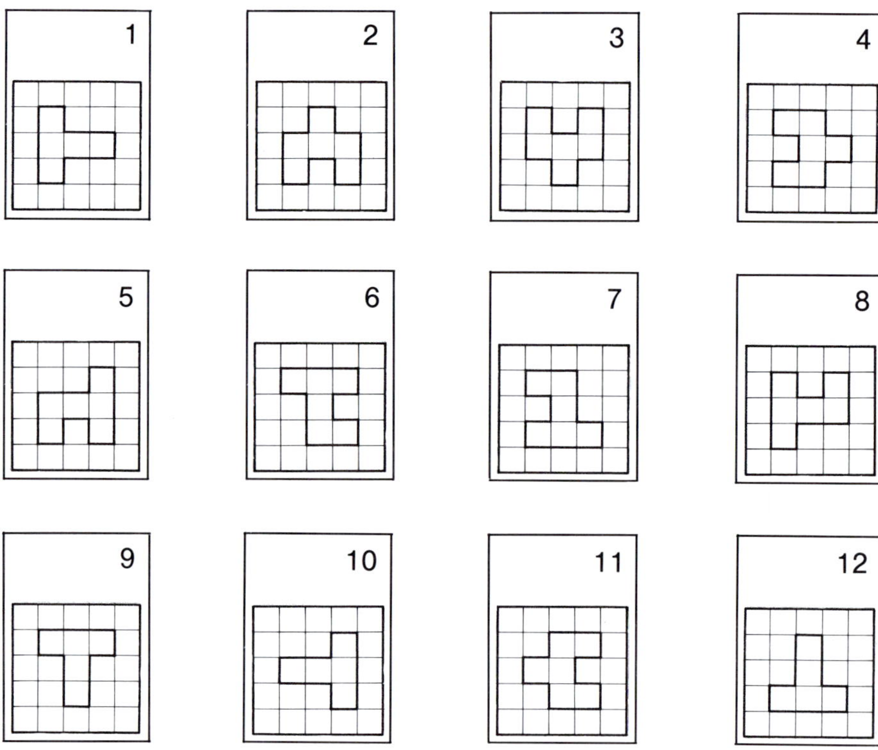

Verschiedene Strichfiguren

Finde die gleiche Figur!

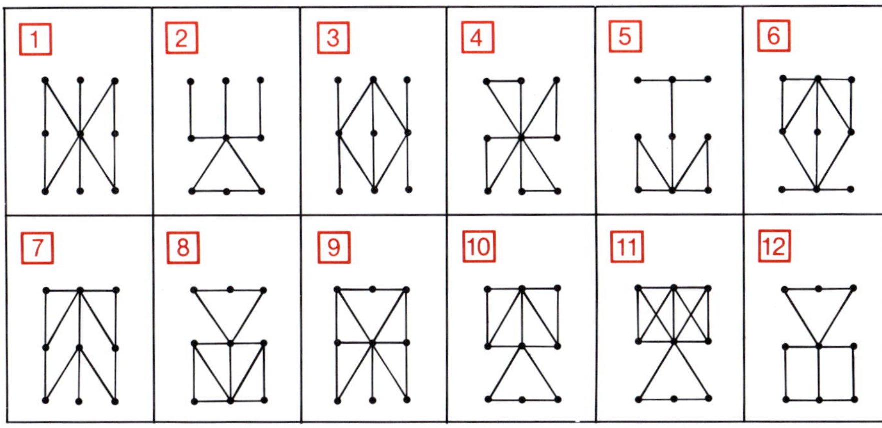

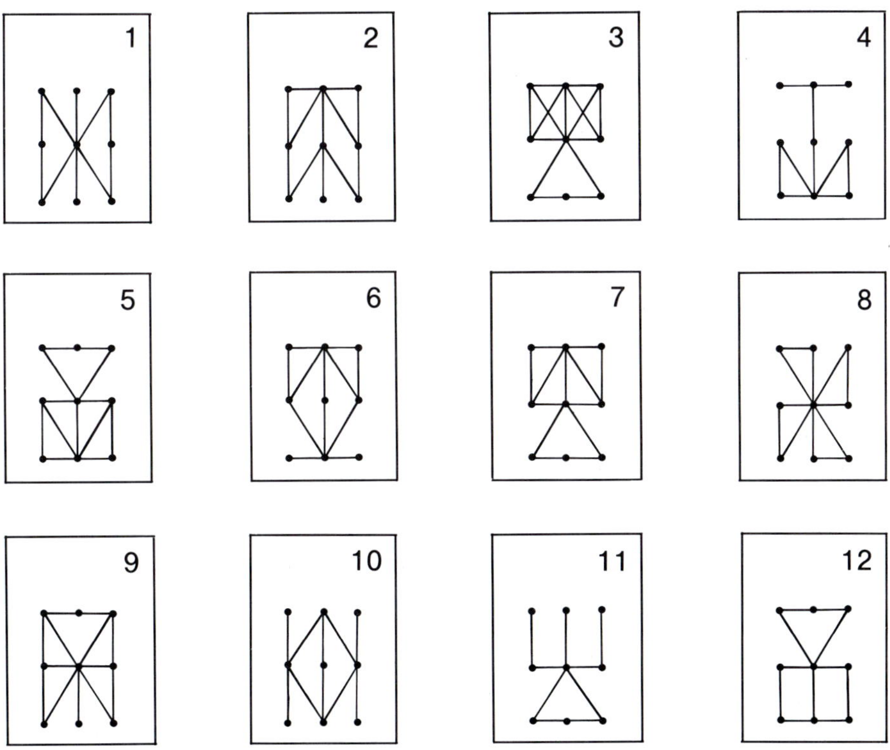

Fensterschmuck in unterschiedlicher Anordnung

Wo hängt der Fensterschmuck an gleicher Stelle?

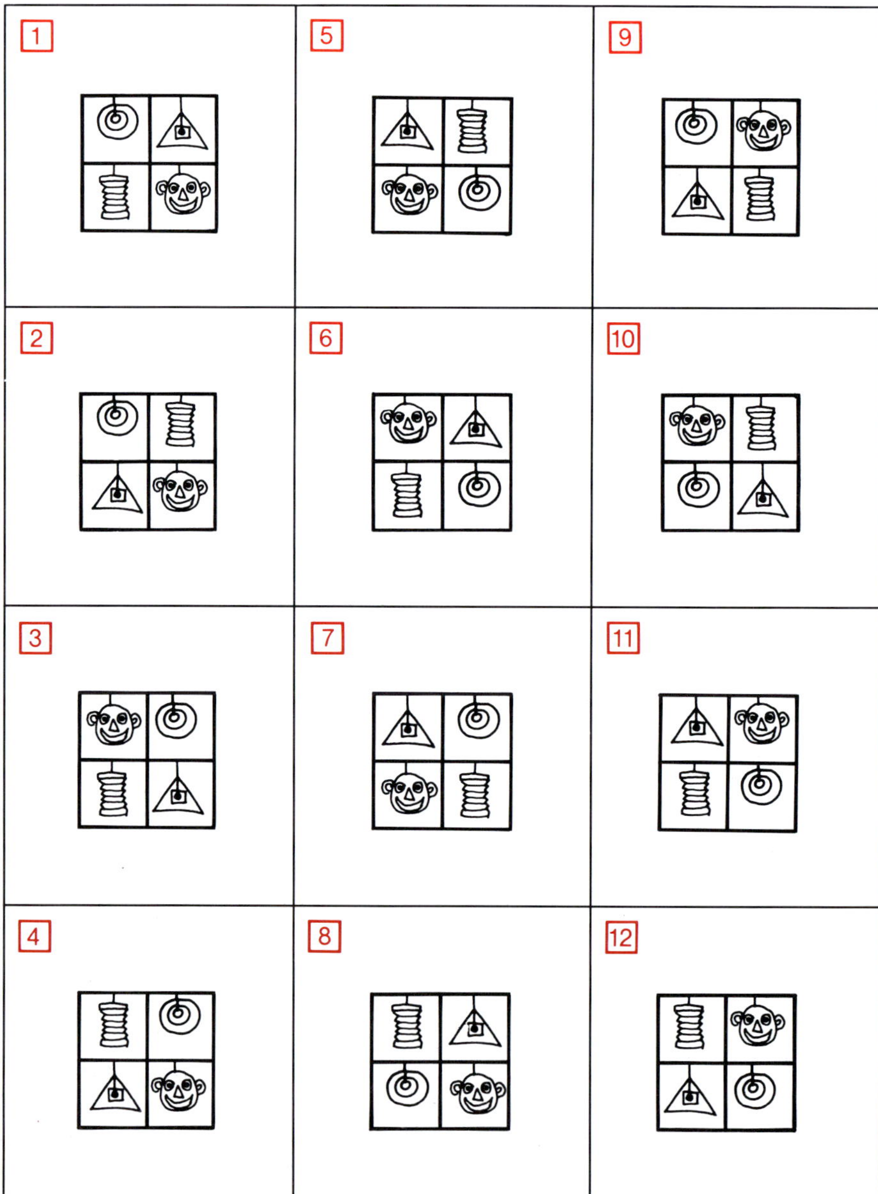

1

2

3

4

5

6

7

8

9

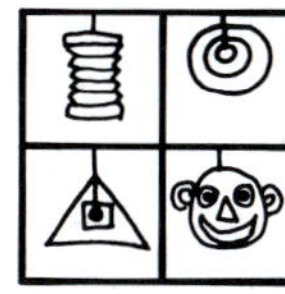

10

11

12

Schrauben in unterschiedlicher Lage

Suche die gleiche Schraube in gleicher Lage!

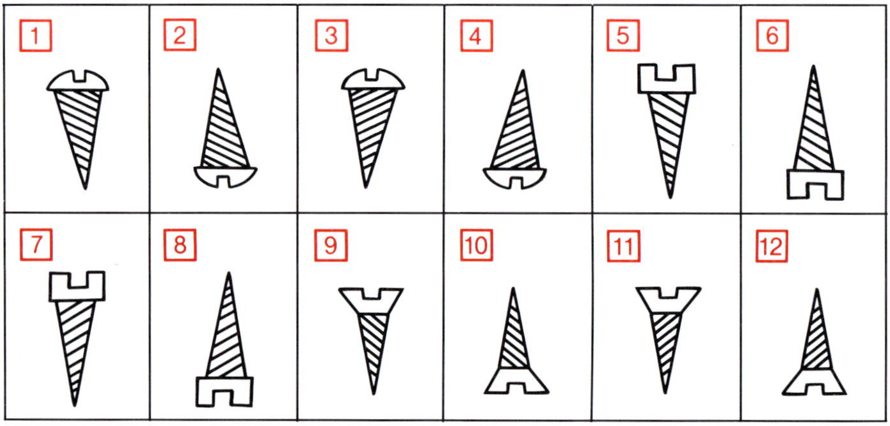

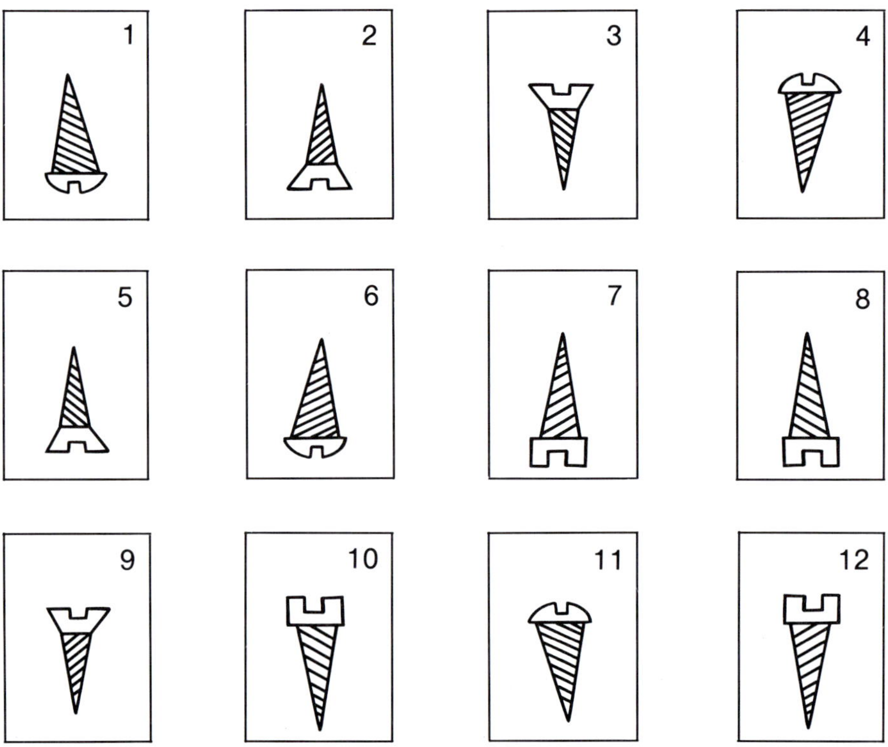